História meio ao contrário

- Prêmio João de Barro – Prefeitura de Belo Horizonte, 1977.
- Prêmio Jabuti – Câmara Brasileira do Livro, 1978.
- Lista Melhores do Ano – Fundalectura, Colômbia, 1994.

História meio ao contrário
© Ana Maria Machado, 1978

Diretor editorial	Fernando Paixão
Editora	Claudia Morales
Editora assistente	Elza Mendes
Coordenadora de revisão	Ivany Picasso Batista

Arte
Projeto gráfico e capa	Silvia Massaro
Editor	Antonio Paulos
Diagramador	Claudemir Camargo
Editoração eletrônica	Neili Dal Rovere

CIP-BRASIL. CATALOGAÇÃO NA FONTE
SINDICATO NACIONAL DOS EDITORES DE LIVROS, RJ.

M129h
26.ed.

Machado, Ana Maria, 1942-
 História meio ao contrário / Ana Maria Machado ; ilustrações
Renato Alarcão. - 26.ed. - São Paulo : Ática, 2010.
 48p. : il. - (Abrindo Caminho)

 ISBN 978-85-08-13114-3

 1. Literatura infantojuvenil. I. Alarcão, Renato. II. Título. III. Série.

10-1324. CDD: 028.5
  CDU: 087.5

ISBN 978 85 08 13114-3
Código da obra CL 737189

2021
26ª edição
10ª impressão
Impressão e acabamento: A.R. Fernandez

Todos os direitos reservados pela Editora Ática
Av. Otaviano Alves de Lima, 4400 – CEP 02909-900 – São Paulo, SP
Atendimento ao cliente: 4003-3061 – atendimento@atica.com.br
www.atica.com.br

Para saber mais sobre a autora, visite o site www.anamariamachado.com

IMPORTANTE: Ao comprar um livro, você remunera e reconhece o trabalho do autor e o de muitos outros profissionais envolvidos na produção editorial e na comercialização das obras: editores, revisores, diagramadores, ilustradores, gráficos, divulgadores, distribuidores, livreiros, entre outros. Ajude-nos a combater a cópia ilegal! Ela gera desemprego, prejudica a difusão da cultura e encarece os livros que você compra.

Ana Maria Machado

História meio ao contrário

ILUSTRAÇÕES RENATO ALARCÃO

EDIÇÃO REFORMULADA

... E então eles se casaram,
tiveram uma filha linda como um raio de sol
e viveram felizes para sempre...

Tem muita história que acaba assim. Mas este é o começo da nossa.

Quer dizer, se a gente tem que começar em algum lugar, pode muito bem ser por aí. Vai ser a história da filha desses tais que se casaram e viveram felizes para sempre.

E a história dos filhos começa mesmo é na história dos pais. Ou na dos avós, bisavós, tataravós ou requetatatataravós — se alguém conseguir dizer isso e se lembrar de todas essas pessoas.

Bom, tem alguém que lembra. Índio lembra. Em muitas tribos, pelo menos. Quando chega a noite e todo mundo se junta em volta da fogueira, muitas vezes os mais velhos ficam contando as histórias de todos os antepassados: avós, bisavós, todos esses que vieram antes, até chegar a vinte. De todos eles, cada índio tem que saber pelo menos duas coisas — onde está enterrado o umbigo e onde está enterrado o crânio. Quer dizer, onde o bebezinho nasceu e onde depois a pessoa morreu.

Mas isso é coisa de índio. Homem branco hoje em dia não liga mais para essas coisas. Prefere saber escalação de time de futebol, anúncio de televisão, capitais de países, marcas de automóveis e outras sabedorias civilizadas.

Você sabe a história dos seus pais?

E dos seus avós?
E dos seus bisavós? Eu também não sei muito, não. Mas quando não sei invento. Gosto muito de inventar coisas. Por isso não sou muito boa contadeira de histórias. Fico misturando as coisas que aconteceram com as inventadas. E quando começo a conversar vou lembrando de outros assuntos, e misturando mais ainda. Fica uma história grande e principal toda cheia de historinhas pequenas penduradas nela. Tem gente que gosta, acha divertido. Tem gente que só quer saber de histórias muito exatas e muito bem arrumadinhas – então é melhor mudar de história, porque esta aqui é meio atrapalhada mesmo e toda ao contrário. Ela nem começou direito e já apareceram aí em cima uns índios que não têm nada a ver com a história. Mas é que eu gosto muito de índios e piratas (por isso adoro a história de Peter Pan) e toda hora eu lembro deles.

Mas vamos começar de novo pelo começo.
Ou pelo fim, que esta história é mesmo ao contrário.
... E então eles se casaram, tiveram uma filha linda como um raio de sol e viveram felizes para sempre.

Eles eram um rei e uma rainha de um reino muito distante e encantado. Para casar com ela, ele tinha enfrentado mil perigos, derrotado monstros, sido ajudado por uma fada, tudo aquilo que a gente conhece das histórias antigas que as avós contavam e que os livros trazem cheios de figuras bonitas e coloridas. Depois, viveram felizes para sempre.

Isso era o mais difícil de tudo. Viver feliz para sempre não é fácil, não. Para falar a verdade, nem é muito divertido. Fica tudo tão igual a vida inteira que é até sem graça. E eles conseguiram essa felicidade para sempre porque tiveram alguma sorte e muita esperteza. A sorte era que eles e a filha tinham saúde e gostavam muito um do outro. A esperteza era que toda vez que aconteciam problemas e aborrecimentos eles procuravam resolver, mas não achavam que eram infelizes. O Rei costumava dizer nessas horas:

– Estou preocupado, mas isso passa. Ainda bem que eu sou feliz.

E passava mesmo. Eles podiam *ficar* tristes, zangados, furiosos da vida, chateados, aborrecidos, até mesmo infelizes. Mas isso era só um jeito de *estar* um tempo. O jeito de *ser* era feliz.

Por isso, quando um dia apareceu no reino um problema muito sério com um monstro terrível, eles se preocuparam mas não deixaram de ser felizes. Vamos logo saber como foi isso.

Um belo dia, o Rei estava tranquilamente passeando pelo alto das muralhas do castelo, contemplando lá embaixo a aldeia e os campos dos seus súditos, pensando:

— Que dia lindo! Está mesmo uma tarde maravilhosa, com um sol tão bonito... Acho que hoje vou ficar mais tempo aqui fora vendo o dia.

E foi ficando, ouvindo o canto dos pássaros, seguindo com os olhos o voo das borboletas de flor em flor...

Daí a pouco, um criado veio lá de dentro:

— Majestade, Dona Rainha está chamando. Disse para Vossa Majestade vir logo tomar seu real banho, que a real banheira já está cheia e a real água vai acabar esfriando.

O Rei olhou para ele, olhou para o sol tão bonito se pondo no céu, sentiu a brisa gostosa do fim da tarde e descobriu que estava com preguiça de tomar banho. Deu suas ordens ao criado:

— Diga à Rainha que não estou com vontade de tomar banho agora. Pode jogar a água fora. Vou ficar aqui fora mais um pouquinho olhando a tarde.

O criado foi e daí a pouco voltou:

— Majestade, Dona Rainha está chamando. Disse para Vossa Majestade vir tirar sua real sujeira na água morninha da real banheira, que ela não gosta de dormir com quem não toma banho.

O Rei hesitou e resmungou:

— Diga à Rainha para ela ir tomar banho, se faz questão de aproveitar essa água. Ou então eu tomo antes de deitar. Mas agora eu quero ficar aqui olhando o dia.

Só que, enquanto o criado ia e vinha com recado para lá e para cá, o dia ia acabando, o sol ia baixando, e o Rei não estava reparando. Daí a pouco o criado voltou:

— Majestade, Dona Rainha está chamando. Disse para Vossa Majestade vir jantar, que a real comida já vai para a real mesa e está realmente deliciosa.

O Rei era meio guloso e gostava de comer bem. Quase entrou correndo. Mas, ao mesmo tempo, estava ficando muito curioso com umas coisas diferentes que estavam acontecendo na tarde – na sua real tarde. E resolveu ficar para ver melhor:

– Diga à Rainha para ir começando a comer, que eu já vou...

O criado foi e deu o recado.

O Rei ficou mais um pouco, vendo. Vendo o quê? O céu que estava mudando. Ficando cor-de-rosa, avermelhado, laranja, arroxeado... O sol mais baixo a cada instante. As nuvens de um dourado brilhante. Tudo diferente, fascinante.

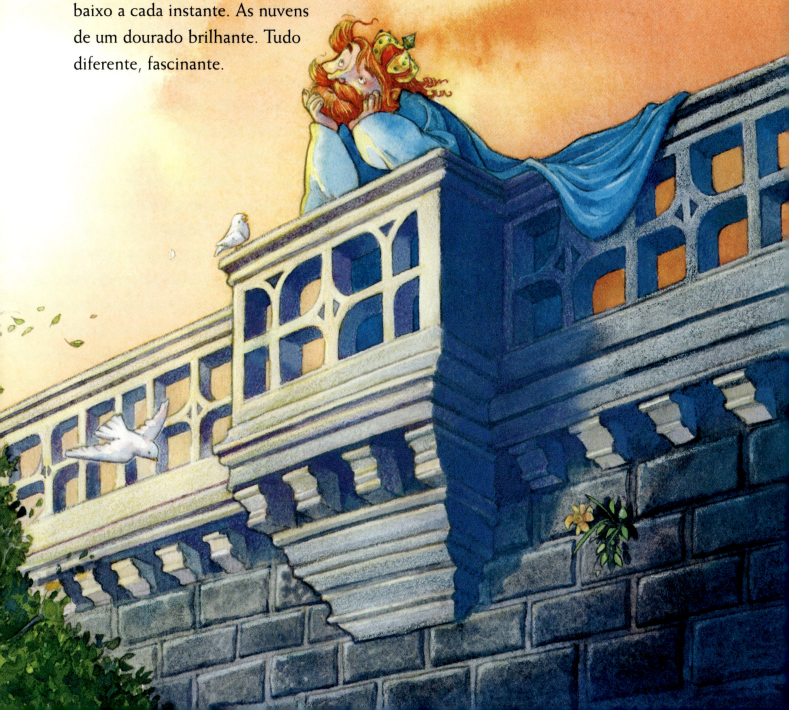

Lá dentro, com o recado do Rei, a Rainha chamou a Princesinha, e as duas trataram de ir começando a jantar, sentadas à real mesa, no real salão de banquetes, todo iluminado com dezenas de reais lustres de cristal, enquanto os reais músicos tocavam belas melodias. De repente, o Rei entrou aos gritos, fazendo um escândalo real:

– Socorro! Acudam! Ladrões! Biltres! Facínoras! Bandidos!

E continuou a gritar uma porção de palavras que a Princesa não conhecia, e deviam ser terríveis palavrões. Pelo menos era o que ela pensava, até que procurou no real dicionário e descobriu o que eram. Mas, na hora, só deu para ela perceber que o seu real pai estava furiosíssimo:

– Fechem todas as saídas! Ponham barreiras em todas as estradas! Cerquem o reino inteiro! Revistem todas as casas, vasculhem todos os cantos! Exijo que os ladrões sejam presos!

Aí foi uma correria. Uns saíam para um lado, outros se despencavam pelas escadas. Ouviam-se toques de clarim

convocando soldados, barulho de passos de gente correndo, relinchos de cavalos no pátio. E, no meio de tudo, a voz calma da Rainha, tentando entender exatamente qual era o problema do seu adorado Rei:

– Majestadinha do meu coração, conta para mim, conta… Que foi que aconteceu, meu real amor?

Tanto ela insistiu que o Rei, finalmente, conseguiu urrar:

– Uma coisa horrível! Roubaram o dia!

Quando ele disse isso, fez-se um silêncio de espanto. A Rainha e a Princesa não podiam acreditar – embora nunca tivessem sabido que o Rei mentisse. Mas não conseguiam aceitar que aquilo fosse verdade. Então alguém podia roubar o dia? Carregar o sol? Acabar com a luz?

Saíram correndo da real sala de banquetes, atravessaram rapidamente a real sala do trono, embarafustaram a toda velocidade pelos reais corredores compridíssimos e chegaram finalmente à real varanda que dava para os reais jardins.

E aí, mal puderam acreditar no que viam. Ou melhor, no que *não* viam.

– Mamãe, que escuridão! Cadê tudo? Onde estão os jardins? A aldeia? Os campos? Tudo sumiu… – choramingava a Princesa.

– Não sei, minha filha, nunca pensei que uma coisa dessas pudesse acontecer. Mas não tenha medo, filhinha. Seu pai vai dar um jeito. Vamos lá para junto dele.

E voltaram as duas, lentamente, pelos reais corredores iluminados. Encontraram o Rei na sala do trono e confirmaram que também tinham visto o desaparecimento do dia.

Menos desesperado a essa altura, o Rei já estava resolvendo tomar reais e enérgicas providências. Como não sabia quais, mandou chamar seu Primeiro-Ministro. E lhe explicou o caso:

– Hoje fiquei contemplando o sol e a tarde, que estavam realmente lindos, por sinal, e justamente no momento de maior beleza, quando mais intenso era o colorido do céu e mais brilhantes estavam as nuvens, o dia foi desaparecendo e não consegui ver quem o roubou. Exijo que o culpado seja punido! Onde já se viu? Roubar minha real luz bem nas minhas reais barbas?

E ficou brabíssimo outra vez, tendo ataques de real raiva e dizendo aqueles nomes que a Princesa achava tão divertidos:

— Famigerados! Pulhas! Esbirros!

O Primeiro-Ministro esperou que a real fúria melhorasse um pouco e deu alguns esclarecimentos:

— Majestade, permita-me observar que o problema não é novo. Esse mistério se repete com desagradável insistência. Para falar a verdade, acontece todos os dias...

— Todos os dias como? — berrou o Rei. — Foi hoje, agora, eu acabo de ver.

— Sim — concordou o Primeiro-Ministro. — Mas já há muito tempo que esse desaparecimento do sol vem acontecendo todos os dias. E Vossa Majestade tem razão: o ladrão parece ter uma estranha predileção pelo momento mais bonito para agir. Mas, verdade seja dita, também há dias em que, mesmo sem sol, no meio de toda a chuva, desaparece a luz.

O Rei não se conformava:

— Como é que uma coisa dessas acontece no meu reino e eu não sabia?

— É que Vossa Majestade é um homem feliz para sempre e ninguém quis incomodá-lo com essas coisas. Afinal de contas, para que aborrecer Vossa Majestade? Devido à hora do real banho e do real jantar, Vossa Majestade e a real família sempre estavam dentro do castelo quando isso acontecia. Com todas as luzes acesas, nunca repararam que estava escuro lá fora. Com todos os reais músicos tocando, nunca sentiram a mudança do canto dos pássaros pelo dos grilos.

— Grilo? Que é isso? Já não chegam minhas preocupações, e você ainda vem me encher a cabeça de grilos?

— Perdão, Majestade. Outra hora trataremos disso com mais calma.

Dizendo essas palavras, o Primeiro-Ministro foi se preparando para sair da sala.

O Rei não deixou e quis saber mais:

— Como é que eu não soube disso? Está bem, você já explicou. Eu e minha família nunca vamos lá fora a essa hora, e não vemos. Mas alguém podia ter-me contado, não?

— Ninguém quis aborrecer nem preocupar Vossa Majestade, só isso. Se nós fôssemos trazer a vossos reais ouvidos todos os problemas do povo, como é que Vossa Majestade ia poder continuar a ser feliz para sempre? Aqui dentro é protegido, claro, tranquilo... Para que Vossa Majestade quer saber de problemas e se arriscar a ter uma real dor de cabeça?

O Rei estava espantadíssimo:

— Ah, então isso é problema do povo? O povo sabe do desaparecimento do dia?

— Sabe, Majestade.

— Então chame o povo que eu quero conversar com ele. Quero que ele me conte essa história direitinho, tintim por tintim...

— Majestade, a esta hora o povo está dormindo.

— Acorde, ué... Dê uma cutucadinha no ombro dele e diga que o Rei está chamando.

O Primeiro-Ministro tinha muita paciência:

— Majestade, o povo não é uma pessoa que a gente possa acordar assim.

— Então grita no ouvido dele, liga um despertador, joga água, faz qualquer coisa. Mas diga ao povo para acordar, pular da cama, calçar os sapatos e vir correndo para cá falar comigo. Estou com tanta pressa que ele nem precisa escovar os dentes...

Eu não disse que o Primeiro-Ministro tinha paciência? Ele explicou com muita calma:

— Majestade, o povo não é uma pessoa, porque são muitas.

— Como assim?

— O senhor sabe o que é exército, não sabe? Não é uma pessoa. São todos os soldados juntos. Ninguém pode dar uma cutucada no ombro do exército, não é mesmo? Nem do povo...

Aí o Rei entendeu. Mas insistiu:

— É, mas se eu quiser falar com o exército, chamo meus generais e chefes guerreiros e dá no mesmo. Agora, quero falar com o povo.

O Primeiro-Ministro pensou um pouco e teve uma ideia:

— Temos algumas pessoas do povo aqui no castelo. Os soldados, por exemplo. Os cozinheiros, as arrumadeiras, os mensageiros, os arautos, os jardineiros, todo o pessoal das cavalariças, enfim, a criadagem inteira. Vou mandar que eles se reúnam no pátio.

E assim foi feito.

19

Do alto de uma sacada, o Rei olhou e viu aquela multidão reunida lá embaixo. Ficou assombrado:

– Tudo isso é povo?

– Isso e muito mais, explicou o Primeiro-Ministro. – Todas as pessoas que trabalham no campo, na aldeia, nas casas do vale, tudo isso é povo.

– E todos eles sabem do ladrão do dia? – o Rei não se conformava com a real ignorância do maior mistério do reino.

– Ah, isso eu não sei – desconversou o Primeiro-Ministro. – Só com eles mesmos.

Então o Rei começou um real discurso, contando tudo aquilo que a esta altura nós já sabemos: como ele tinha de repente descoberto que o dia desaparece. Ninguém pareceu se espantar. Depois, perguntou ao povo se alguém sabia a solução do mistério, se alguém conhecia o ladrão. Foi um zum-zum-zum no meio da multidão. Mas ninguém falou alto. O Rei insistiu:

– Quero o nome do ladrão.

Aí o que se ouviu foi nada. Ou seja, um enorme silêncio.

– Que é isso? – gritava o Rei. – Então vocês sabem quem é o ladrão e não querem me dizer? Eu sou o Rei de vocês! O Rei! O Rei!

Não precisa urrar, Majestade – disse o Primeiro-Ministro, tentando acalmá-lo. – Temos espiões no meio da multidão e num instante vamos ficar sabendo de tudo.

Dito e feito. Na multidão, ninguém falou. Daí a pouco, o Rei ordenou que todos fossem dormir. Mas em seguida o Primeiro-Ministro surgiu com um soldado que trazia a explicação do mistério. Conversaram num canto e logo depois o Primeiro-Ministro explicava:

— Majestade, a culpa é de um monstro terrível que assola nosso reino. Um tremendo Dragão Negro.

E diante do Rei, que tinha a real boca aberta de real espanto, o Primeiro-Ministro prosseguiu com a descrição do monstro:

— É um Dragão enorme, maior que a aldeia, o vale e este castelo real. Diariamente ele chega de mansinho e rouba o dia por um tempão, até a hora em que se cansa dele e deixa o sol voltar de novo. É imenso, todo preto de escuridão. Solta pelas narinas uma espécie de fumaça gelada parecida com nuvens e que fica assentada no fundo do vale até que o sol a desmanche de manhã. Quando abre a boca lança fagulhas pequenas que não desaparecem enquanto o dia não volta, ficam brilhando e cintilando na escuridão…

— Que horror! — exclamou o Rei.

— Deve ser lindo! — suspirou a Princesa.

— Cale a boca, menina — ralhou a Rainha.

O Primeiro-Ministro olhou bem para eles, fez um ar misterioso e acrescentou:

— Mas o pior, Majestade, é o olho do monstro.

— Os olhos, você quer dizer — corrigiu o Rei.

— Não, Majestade, o olho mesmo. O Dragão Negro que rouba o sol tem um olho só, bem grande.

É um olho que vai diminuindo, diminuindo um pouquinho cada dia de escuridão e, quando a gente pensa que no dia seguinte ele vai desaparecer todo de uma vez, nada disso, começa a aumentar, aumentar, aumentar até ficar redondo de novo. E fica sempre assim, mudando, enchendo e esvaziando uma vez por mês, com uma luz branquela que não esquenta nada e nem ilumina muito.

– Que horror! – exclamou o Rei.

– Deve ser lindo! – suspirou a Princesa.

– Cale a boca, menina – ralhou a Rainha.

Diante de tantos e tão tenebrosos perigos, o Rei tratou de fazer o que sempre fazem os reis das histórias: nada. Quer dizer, tratou de arranjar quem fizesse alguma coisa por ele.

– Ordeno que o monstro seja morto!

A pergunta que ficou na cabeça de todos era: ordena a quem? Mas ninguém falou nada para não provocar outra real fúria. Depois de alguns minutos, muito diplomaticamente, o Primeiro-Ministro perguntou:

— Majestade, minha única dúvida é a seguinte: onde encontraremos alguém à altura da honra de cumprir vossa real ordem?

Mas o Rei não se atrapalhava. Ele já devia ter lido muitas histórias de reis, princesas e dragões, sabia direitinho o que dizer:

— Avise a todos que quem conseguir liquidar o monstro terá a mão de minha filha em casamento.

No dia seguinte, bem cedo, os reais arautos foram tocar suas reais trombetas pelas praças. Os reais mensageiros, galopando corcéis das reais cavalariças, percorreram as estradas do reino levando avisos aos pontos mais distantes. E toda a população foi se reunindo para ver ou ouvir os reais comunicados.

Aquilo foi o assunto de todas as conversas. E quando acabou o trabalho do dia, no centro da aldeia, seus habitantes trataram de trocar ideias:

— Eu é que não queria ter que casar com um desconhecido só porque ele é bom de briga... – disse a Pastora.

— É, mas não vai aparecer ninguém – garantiu a Tecelã. – Precisa muita coragem.

— É, precisa... — concordou o Ferreiro. — Mas para quê? Quando eu fico junto da fornalha, fazendo força na bigorna e recebendo chamuscada de fagulha, eu sei que é para fazer uma coisa boa para todos nós: malhar o ferro enquanto ele está bem quente e pode ficar da forma que a gente precisa. Mas ir enfrentar as fagulhas do Dragão Negro vai servir para alguma coisa?

— É mesmo... — disse o Camponês. — Verdade que precisa ser valente para se meter com o monstro e ir lá olhar de perto o olho dele. Mas eu não entendo muito em que é que isso ajuda a gente.

E ficaram pensando. Pensaram muito, mesmo depois que a conversa acabou e cada um tratou de ir para sua casa, aproveitar o escuro e dormir um pouco.

No dia seguinte, a novidade da aldeia era a chegada de um Príncipe vindo de terras distantes a todo galope em seu veloz cavalo. Não era um Príncipe Encantado, mas a Pastora, que o tinha visto chegar, afirmava que era um Príncipe Encantador. Ele falou com ela, foi muito gentil e simpático, pediu um pouco d'água para seu cavalo e explicou que ia se apresentar no castelo.

– Só para casar com a Princesa? – ela foi logo perguntando.

Ele sorriu um sorriso bonito e explicou:

– Nada disso. O principal é não ficar parado. Não tenho nada para fazer o dia inteiro, tudo o que eu quero alguém faz para mim. E adoro me movimentar, andar a cavalo, enfrentar desafios. Quando soube desse monstro, logo achei que ia ser uma aventura maravilhosa.

Bem que ela pensou: "aventura mais boba!..." Mas achou que não ficava bem dizer essas coisas a um Príncipe Encantador.

E enquanto ele galopava em direção ao palácio, ela foi andando para a sombra da árvore no centro da aldeia onde todos os amigos costumavam almoçar juntos.

Chegou logo contando as novidades do Príncipe. Quando acabou, o Camponês disse:

– É, agora vamos mesmo ter que fazer alguma coisa para defender o Dragão. Afinal, ele é amigo da gente...

– Isso mesmo! – apoiou o Ferreiro. – Se ele não carregasse o sol todo dia, garanto que nós íamos ter que trabalhar sem parar, sem poder ir dormir, sem descansar.

– E se ele não esfriasse os montes e não trouxesse a neblina para o vale, os carneirinhos não iam precisar se esquentar e não iam ter tanta lã – lembrou a Pastora.

– E se ele não ninasse as plantas e o dia ficasse fazendo sol o tempo todo, as colheitas acabariam secas e queimadas, ninguém ia ter o que comer – concordou o Camponês.

– E o linho e o algodão não cresceriam. Sem eles e sem a lã, como eu ia tecer os panos para nos vestirmos? – perguntou a Tecelã.

Num ponto estavam todos de acordo. Era preciso ajudar o Dragão Negro antes que o Príncipe Valente e Encantador acabasse com ele. Mas como?

– A gente só sabe mesmo é trabalhar. Nenhum de nós entende dessas coisas de luta e aventuras...

Mas a Pastora, que às vezes ia com seus rebanhos para mais longe da aldeia e conhecia bem as terras em volta, teve uma ideia:

– Lá nos montes mora um Gigante. Ele bem que podia nos ajudar.

– Isso mesmo!

– Bem lembrado!

Mas também foi bem lembrado o que o Carpinteiro disse:

– É... A ideia é boa... Mas alguém já viu o Gigante acordado? Ele passa o tempo todo deitado, esse Gigante adormecido.

– É mesmo... Deitado eternamente...

A Pastora, porém, não desistia. Era uma moça muito decidida e não gostava de largar pelo meio as coisas que queria fazer. Nem desistia de uma boa ideia só porque a situação estava meio preta.

– É, mas talvez ele nem precise se levantar. A gente podia pelo menos ir até lá conversar com ele e ouvir uns conselhos. Pode ser que ele se anime. E pode ser que ele tenha algum plano. Afinal de contas, ele já estava aqui muito antes de nós todos, muito antes da aldeia existir ou do real castelo ser construído. Ele já viu tanta coisa, deve saber o que fazer...

A Tecelã, que era muito caseira, hesitou um pouco:

– Mas quem vai ficar fazendo nosso trabalho?

O Ferreiro resolveu a questão:

– Hoje nosso trabalho é outro. Tão importante como o trabalho de todo dia. Não faz mal parar de trabalhar aqui uma tarde porque é para ajudar toda a vida da gente.

E o Camponês ainda disse mais:

– Você pensa, sua boba, que é fácil acordar um Gigante? Se não formos todos juntos e não gritarmos bem forte e bem alto, não adianta nada.

Por isso foram. Naquela tarde, a aldeia ficou deserta. Todo mundo saiu das oficinas e das plantações. Foram todos para os montes. E foi até divertido, um passeio bonito pelos risonhos lindos campos cheios de flores e pelos bosques cheios de vida. Todo mundo conversando e cantando. Quando chegaram embaixo dos montes, já eram as costas do Gigante deitado.

E começaram a gritar juntos:

– Acorda! Acorda! Acorda!

Tanto gritaram que o Gigante, apesar de muito dorminhoco, acabou acordando. Nem se mexeu, nem se espreguiçou. Acho até que nem abriu os olhos. Mas acordou um pouco. E no meio do sono, ouvia uma multidão, toda a população da aldeia e dos campos gritando:

– Acorda! Acorda! Acorda!

Acabou perguntando:

– Que corda é essa que vocês tanto pedem? Peguem logo a corda e me deixem dormir...

– Não é para pegar corda nenhuma... – começou a explicar o Carpinteiro.

– Então tratem logo de dar corda no que está precisando, ponham para funcionar e me deixem dormir...

– Não é nada disso – continuou o Ferreiro. – Não é corda de pegar, de enrolar, de dar, não é corda. É acordar, seu Gigante. Se o senhor não acordar logo, é capaz de daqui a pouco ninguém mais poder dormir em paz.

Com essa o Gigante acordou. Não se levantou nem se mexeu. Mas ficou bem acordadinho e pediu:

– Expliquem essa história toda.

Eles explicaram. Eu não vou explicar aqui tudo de novo, porque nós todos já sabemos. E quando eles acabaram de explicar, o Gigante também ficou sabendo. Bocejando, comentou:

– Ah, a real ignorância!...

Parou um pouco, bocejou de novo e continuou:

– Vamos dar um jeito nisso. Vocês fizeram bem em vir me procurar. Vamos defender o Dragão Negro e seu olho de luar. Do meu corpo de terra tudo vai brotar. No trabalho de vocês, tudo vai continuar.

E assim fizeram os planos. E o Gigante suou orvalho que evaporou para virar nuvens. E as nuvens choveram água no alto dos montes para engrossar os riachos. E as sementes que os homens plantaram viraram grama e capim, espinhos e mato, árvores e cipós. E toda essa mata produziu flores e frutos que atraíram insetos que atraíram passarinhos que atraíram passarões e animais de pelo e de pele.

Para os homens, todas essas coisas levam muito tempo. Para o Gigante, não. Foi rapidinho. Num instante estava tudo feito. Feito e perfeito. Mais que perfeito. Para dar um jeito.

Todos trabalharam juntos. Sem desencontro. E logo tudo ficou pronto para o grande confronto. E o Gigante disse:

– Já vai chegando a hora. Quem quiser pode ir embora. Ir para casa, descansar, se recolher, esperar o que acontecer.

– E quem não quiser? – quis saber a Pastora.

– Pode ficar e olhar. E tratar de aprender.

Ela ficou. Alguns amigos ficaram com ela. Outros, cansados de tanto trabalho, trataram de voltar para a aldeia, porque já estava chegando a hora mais bonita da tarde, com todas as cores do sol bem soltas no céu – sinal de que o Dragão Negro não ia demorar. E logo depois seria o momento do grande combate.

Quando escureceu e o Dragão chegou, soltando suas fagulhas que pisca piscavam por toda parte, todos foram começando a ouvir ainda bem longe o galope de um cavalo que se aproximava. Era o Príncipe Encantador e Valente, que vinha com toda a sua coragem enfrentar o monstro. Só com a coragem, não. Vinha também com sua lança, sua espada, seu escudo. Com armadura, elmo e tudo.

Ouvindo o barulho, o Dragão tratou de ver o que estava acontecendo. E seu olho foi aparecendo aos pouquinhos, enorme, redondo, prateado, lançando brilhos para cima da armadura do Príncipe.

Mas os riachos tinham engrossado. O que antes era fácil de atravessar agora tinha até correnteza. A armadura do Príncipe ia ficando molhada, enferrujada, atrapalhada.

E as plantas tinham crescido. Fechavam a passagem, espetavam, enganchavam o escudo, a lança, a espada.

E os insetos zumbiam e mordiam. E os pássaros piavam. E muitos animais faziam barulho no escuro. Cada barulho esquisito que metia medo e era capaz de fazer gelar nas veias o sangue de um homem menos corajoso.

Mas o Príncipe continuava. Se não fosse por causa daquela armadura toda desajeitada e pelas picadas dos insetos, ele era até capaz de estar achando o passeio bonito, apreciando a paisagem tão cheia de árvores.

O Dragão começou a achar que o plano do Gigante não ia dar certo. Teve até a ideia de usar um recurso extremo e lançar o fogo dos raios em cima do Príncipe, pedindo reforço a todas as Trovoadas que conseguisse encontrar acordadas naquela hora.

Antes porém tratou de olhar muito bem olhado o seu adversário, respeitando a coragem daquele Príncipe que, mesmo sem saber muito bem por quê, não parava diante de nenhum obstáculo.

— Agora você vai ver! — ameaçou o Dragão.

Talvez fosse mais certo ele dizer:

— Agora é que eu vou ver!

Porque bem na hora da ameaça, ele acabou de arregalar o olho que ainda estava um pouco coberto pela pálpebra de nuvem.

Aí ele viu o Príncipe. E o Príncipe viu a Moça.

Que Moça? Ora, a Pastora, você está ficando esquecido? Não lembra que ela tinha ficado por ali para olhar e tratar de aprender? Pois os dois se olharam e se apreenderam. O Príncipe viu a Pastora por entre as árvores, na luz do olhar do Dragão, e pensou que de manhã, quando tinha falado com ela na aldeia, nem tinha reparado como ela era tão bonita. Talvez de manhã ela nem fosse ainda tão bonita, porque a verdade é que todos os acontecimentos do dia tinham ajudado muito a Pastora a não esconder mais seus olhos e a levantar a cabeça – e ela, como todo mundo, ficava muito mais bonita assim.

Mas o Príncipe não sabia disso. E pensou que a beleza dela era por causa do olho de luar do Dragão. Aí perdeu a vontade de liquidar o Dragão. E de casar com a Princesa.

Ficou parado olhando a Pastora. Ela olhou firme para ele e perguntou:

– Vossa Alteza não está se sentindo bem?

– Nunca me senti melhor em minha vida. A não ser por esta droga de armadura toda molhada.

– Então tira a armadura – sugeriu ela.

– Mas eu preciso dela para lutar com o Dragão.

– Para quê? Para casar com a Princesa e viver feliz para sempre? Para ter sempre um sol eterno?

– Para cumprir minha missão e terminar o que comecei – respondeu o Príncipe, enquanto pensava que, na verdade, não queria saber de coisas eternas nem iguais para sempre.

E ficaram se olhando.

Mas enquanto conversavam e se olhavam, o tempo passava. O Dragão foi ficando com sono, fechando o olho e se retirando. O sol começava voltar aos poucos, com coloridos parecidos com os do fim da tarde. O céu mudando. Ficando rosa, arroxeado, laranja, avermelhado. As nuvens de um dourado brilhante. Tudo diferente, fascinante. O sol mais alto a cada instante.

De repente, ouviu-se o tropel do real cavalo e o Rei surgiu aos gritos, fazendo outro escândalo real:

— Socorro! Acudam! Ladrões! Biltres! Facínoras! Bandidos! Fechem todas as saídas! Ponham barreiras em todas as estradas! Cerquem o reino inteiro! Revistem todas as casas, vasculhem todos os cantos! Exijo que os ladrões sejam presos!

Soldados corriam de todos os lados, cavalos galopavam, a Rainha e a Princesa chegaram em uma real carruagem a tempo de ouvir o Rei gritar:

— Roubaram aquele sol branco e frio que brilhava na escuridão!

Chegando um pouco atrasado, o Primeiro-Ministro pensava: "Ah, meu Deus, agora vai começar tudo de novo, só que ao contrário...".

Mas dessa vez não foi preciso dar muitas explicações. O Rei tinha ficado acordado a noite toda para ver o combate e acabava de descobrir as belezas que ele não conhecia. Podia ser ignorante, mas não era burro.

E compreendeu que, se aquilo acontecia todo dia, não valia a pena matar o Dragão Negro. Por isso, quando cansou de fazer seu real escândalo e ouviu os reais consolos de sua adorada Rainha, acalmou:

— Não é preciso mais matar o monstro. Todos os habitantes deste reino são muito corajosos e podem viver bem, mesmo tendo esse terrível Dragão na vizinhança.

Foi um alívio geral. Então, o Rei completou, para o Príncipe:

— Mas pode ficar tranquilo. Mantenho minha promessa e lhe dou a mão da Princesa em casamento.

Aí é que foi a surpresa. Porque o que a Princesa disse era coisa que ninguém esperava:

— Meu real pai, peço desculpas. Mas, se o casamento é meu, quem resolve sou eu. Só caso com quem eu quiser e quando quiser. O Príncipe é muito simpático, valente, tudo isso. Mas nós nunca conversamos direito. E eu ainda quero conhecer o mundo. Até hoje eu nem sabia que o sol voltava todo dia tão bonito. Tem muita coisa mais que eu quero saber. Isso de ficar a vida inteira fechada num castelo é muito bonito, mas eu vi que aqui fora, nesses campos e nesses bosques, tem muita coisa mais. Não quero me casar agora.

Foi um deus nos acuda. O Rei gritou, urrou, esbravejou. A Rainha explicou que todas as princesas das histórias casam com os príncipes que vencem os dragões e os gigantes. E que os dois vivem felizes para sempre.

Não adiantou nada. A Princesa olhava a Pastora, via como era bonita aquela moça de olhar firme e cabeça levantada, e insistia:

— Nada disso. Minha história quem faz sou eu. Posso até casar com esse Príncipe. Mas só se ele e eu quisermos muito.

Já se vê que ela não estava querendo. Pelo menos naquela hora. E o Príncipe só queria mesmo a Pastora. Por isso deu para todos acabarem se entendendo.

No dia seguinte, a Princesa começou uma longa viagem para conhecer outras pessoas, outras terras, outros reinos. E até mesmo algumas repúblicas. Acabou indo estudar numa delas, se enturmando, fazendo amigos. Vem sempre passar as férias no real castelo e conta uma porção de novidades.

A Pastora é que não gostou muito da ideia de ter um namorado que ela tinha que chamar de Vossa Alteza. Dava muito trabalho. E trabalho, para ela, já chegava o que precisava ter com os carneirinhos. Não podia ficar se preocupando com palavras especiais.

Então o Príncipe resolveu ficar por ali, aproveitando sua vontade de fazer alguma coisa e seu amor pelos cavalos. Acabou trabalhando de Vaqueiro, nos campos em volta da aldeia. Sempre encontrava a Pastora e conversavam. Numa noite de luar, resolveram visitar o Dragão Negro e se aconselhar com o Gigante.

E o Gigante, como vimos, mesmo dorminhoco é bom conselheiro. Dessa vez, disse:

— Vocês se gostam, não é? Querem estar juntos? Então acho que a Pastora deve casar é com o Vaqueiro. Assim, não precisa dizer Vossa Alteza.

Foi o que eles fizeram.

E o Príncipe?

Era uma vez...

ANA MARIA MACHADO

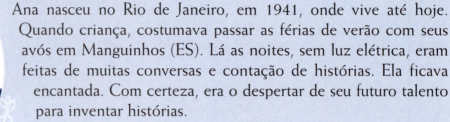

Ana nasceu no Rio de Janeiro, em 1941, onde vive até hoje. Quando criança, costumava passar as férias de verão com seus avós em Manguinhos (ES). Lá as noites, sem luz elétrica, eram feitas de muitas conversas e contação de histórias. Ela ficava encantada. Com certeza, era o despertar de seu futuro talento para inventar histórias.

A menina cresceu, estudou pintura, trocou a faculdade de geografia pelo curso de letras. Fez mestrado, trabalhou como professora, jornalista, casou, teve filhos... Veio a ditadura, Ana foi morar na França e aproveitou o máximo estudando, expondo suas pinturas, trabalhando, conhecendo outras pessoas, outras terras, outros reinos...

Já no Brasil, em 1977, Ana publicou seu primeiro livro infantil: *Bento-que-bento-é-o-frade*. O primeiro prêmio, porém, veio em 1978, para *História meio ao contrário*. Foi o incentivo principal para que escrevesse mais e mais.

Então escreveu um monte de livros, mais de cem, para crianças, jovens e adultos. Ganhou vários prêmios, os mais importantes entre os nacionais e internacionais, dentre eles o Hans Christian Andersen, prêmio máximo da literatura infantojuvenil. E, quando se pensa que não dá para melhorar mais, Ana Maria continua surpreendendo a cada novo livro...

Para saber mais sobre a autora, visite o site: www.anamariamachado.com

RENATO ALARCÃO

Ilustrar é contar histórias através de imagens. E comunicar-se nessa linguagem universal foi o que levou Renato Alarcão a escolher o caminho da ilustração.

Designer gráfico com mestrado em ilustração, Renato Alarcão tem desenhos publicados em livro, jornais e revistas norte-americanos. Seu trabalho já esteve em exposições em Nova York, Bratislava e Tóquio, quando ganhou o Noma, prêmio de ilustração patrocinado pela Unesco.

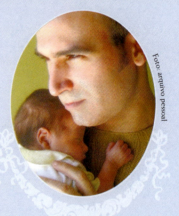

Atualmente Alarcão divide-se entre projetos para livros infantis e revistas, palestras e *workshops* de arte, além de promover cursos em seu ateliê-escola, o Estúdio Marimbondo.

"O que mais me estimula no meu ofício de ilustrar", diz o artista, "é encarar diariamente a página em branco, e dali inventar mundos e gentes, dar visualidade à palavra".

Alarcão conta que *História meio ao contrário*, ilustrado com aquarela, é um projeto especial. "Ilustrar este livro foi uma experiência e tanto para mim, vi a barriga da minha esposa crescer junto com as etapas de criação dessas ilustrações. Cada rascunho e cada arte-final acompanharam a história do nascimento do meu primeiro filho. Minha vida literalmente virou uma história meio ao contrário."